Tikal: a história da famosa capital dos antigos maias

Por Charles River Editors

Um dos templos de Tikal.Foto de Raymond Ostertag

Introdução

Praça principal de Tikal durante o Solstício de Inverno.Foto de Bjørn Christian Tørrissen.

Tikal

Muitas civilizações antigas influenciaram e inspiraram pessoas no século 21. Os gregos e romanos continuam a fascinar o Ocidente hoje. Mas, de todas as civilizações do mundo, nenhuma intrigou mais as pessoas do que os maias, cuja cultura, astronomia, língua e desaparecimento misterioso continuam a cativar as pessoas. Em 2012, especialmente, houve um foco renovado nos maias, cujo calendário avançado levou muitos a especular que o mundo terminaria na mesma data em que o calendário maia termina, mas na verdade, o foco no cenário do "dia do juízo final" ofuscou os maias. povo o qual realmente fez contribuições para astronomia, linguagem, esportes e arte.

Os maias mantiveram o poder no Yucatan por mais de mil anos e, no auge de sua "era clássica" (do terceiro ao ao nono séculos DC), a cidade de Tikal foi um dos centros de poder do império. Arqueólogos acreditam que Tikal foi construída no século 5 ou 4 aC, e eventualmente ela se tornou uma capital política, econômica e militar que era uma parte importante de uma rede extensa em toda a Mesoamérica, apesar do fato foi aparentemente conquistada por Teotihuacan no século 4 DC. Parece que os governantes estrangeiros assimilaram a cultura maia, garantindo assim que Tikal continuaria a ser uma base de poder e, como resultado, a cidade não seria abandonada até por volta do século 10 DC.

Como um dos locais mais importantes dos antigos maias, a construção em Tikal foi impressionante e, embora tenha sido aparentemente conquistada, os registros da cidade foram excepcionalmente bem preservados. Isso inclui uma lista dos governantes dinásticos da cidade, bem como os túmulos e monumentos dedicados a eles. Graças a essa preservação, Tikal oferece aos pesquisadores sua melhor visão sobre os antigos maias e tem contribuído muito para ajudar os estudiosos a compreender a história maia.

Tikal: a história da famosa capital dos antigos maias

Uma Nota Sobre os Períodos da História Maia

Este livro segue o sistema tradicional de dividir a história maia em "períodos". Assim como a história europeia é dividida entre os períodos antigo e medieval com base na queda ou não do Império Romano, existe uma grande linha divisória na história maia chamada de período clássico ou pós-clássico.

O apogeu da cultura e da influência maia ocorreu no período conhecido pelos estudiosos da Mesoamérica como o período "Clássico". Variando entre os séculos 3 e 9, durante essa época a região era dominada por duas grandes potências, Tikal e Calakmul, localizadas ao sul de Yucatán, nas Terras Altas do norte. A oeste, o centro do México era dominado pelas cidades de Teotihuacan, Cholula e Monte Albán. Este foi um período de relativa estabilidade, embora provavelmente não parecesse assim, já que as dinastias dominantes de Tikal e Calakmul disputavam o poder e travaram inúmeras guerras por procuração em seus muitos estados clientes. Este período é comparável à grande "guerra fria" entre Atenas e Esparta na Grécia antiga.

Assim como o Império Romano não entrou em colapso em todas as áreas ao mesmo tempo, a mudança do Clássico para o Pós-Clássico ocorreu em lugares diferentes diferencialmente. O mundo clássico maia incluía uma constelação de cidades-estados dispostas em grandes confederações rivais e em mudança. Essas cidades, incluindo os famosos centros de Tikal, Palenque, Caracol e Calakmul, eram governadas por reis que eram considerados semi-divinos e eram amplamente comemorados em monumentos de pedra. Eventualmente, no entanto, as grandes cidades do Período Clássico entraram em colapso, uma a uma. Longe de desaparecer, a cultura maia persistiu, especialmente nas áreas rurais, e com o tempo, uma nova série de cidades emergiu. Enquanto as maiores cidades clássicas estavam sediadas nas Terras Altas do México moderno e da Guatemala, as cidades pós-clássicas, incluindo Chichén Itzá e Mayapán, emergiram no norte na península de Yucatán. De um modo geral, o período pós-clássico durou dos anos 900 até a chegada dos espanhóis em 1500.

Uma Nota sobre Pronúncias e Nomes

Enquanto os Maias Antigos certamente tinham seu próprio sistema de escrita, a Conquista Espanhola finalmente erradicou o conhecimento dele, de modo que as línguas maias foram escritas por quase 500 anos usando caracteres latinos adotados do espanhol por padres missionários. No entanto, alguns dos sons nas línguas maias não correspondem diretamente aos sons em inglês ou espanhol, por isso alguma orientação é necessária para a pronúncia adequada.

"X" é pronunciado como "SH" então a cidade maia de Yaxchilan é pronunciada "Ya-sh-i-laan"

"J" é pronunciado como um "H" forte para que o nome Maia Jasaw seja pronunciado "Ha-saw"

"Z" é pronunciado como um "S"

"HU" e "UH" são pronunciados como um "W" então o nome mexicano Teotihuacán é pronunciado "Teo-ti-wa-caan"

A ortografia maia também usa um apóstrofo para marcar um som que não aparece na maioria das línguas europeias chamada parada glotal. Isso representa uma paralisação do ar na garganta, um pouco como a deglutição do "TT" em "LITTLE" quando pronunciado por um inglês cockney (que seria escrito na ortografia maia como: "li'le"). A parada glotal é considerada consoante.

Embora a palavra "Tikal" seja Maia, não é o nome que os Maias Antigos deram à cidade quando viviam nela. O nome moderno vem do Maia "Ti' ak'al" ou "No Poço", nome dado por caçadores maias que viajaram pela área e pararam em reservatórios de água na cidade antiga. O nome exato foi perdido, mas parece que foi escrito usando um glifo que representava um estilo de cabelo topknot. Assim, provavelmente foi dado o mesmo nome, "Mutal". Em ocasiões mais formais, provavelmente foi chamado de

"Yax Mutal" ("Primeiro Topknot"). Como resultado, alguns arqueólogos modernos usam o nome "Mutal" para falar sobre a cidade, mas para evitar confusão, este livro vai ficar com o nome mais comum, Tikal.

O emblema glifo representando o nome Mutal

À medida que os estudiosos têm aprendido cada vez mais a ler o sofisticado sistema de escrita deixado pelos maias, eles ganharam uma compreensão mais sutil de suas práticas de nomeação. De um modo geral, apenas os nomes de reis e rainhas, bem como alguns outros indivíduos, são nomeados nos registros, e os primeiros arqueólogos usaram nomes que descreviam o nome glifos, com nomes como "Céu Tempestuoso", "Cachos" ou "Grande Pata de Jaguar". Hoje é possível reconstruir os sons reais de nomes como Siyaj Chan K'awiil II , Yax Nuun Ayiin I, ou Chak Tok Ich'aak I, mas esses nomes são bastante longos e contêm muitos elementos repetitivos (assim como a repetição contínua dos nomes George e Edward entre os reis ingleses). Isso pode rapidamente ficar confuso para os leitores, então quando este livro se refere a um rei, a pronúncia maia virá primeiro, seguido pelos nomes glifos modernos. As referências subsequentes aos reis usarão os nomes dos glifos ingleses para ajudar os leitores a seguir em frente. Dito isto, há algumas exceções para isso devido à crescente proeminência dos nomes maias para esses indivíduos, mais importante o grande rei Jasaw Chan K'awiil I.

Uma estátua de jade representando Jasaw Chan K'awiil I

Os nomes dos primeiros reis após Yax Ehb' Xook não são importantes para a história por causa da falta de informações definitivas sobre suas vidas e atos. Uma exceção é de 317 aD, quando houve uma ruptura na linha masculina e a cidade foi governada por sua primeira mulher registrada: a rainha Lady Une' B'alam ("Bebê Jaguar"). Isso estabeleceu um precedente importante para reivindicações posteriores de sucessão na cidade, quando usurpadores de vários tons olhariam para seus próprios antepassados matrilineais como justificativa para seu lugar no trono.

Capítulo 1: Primórdios do Tikal

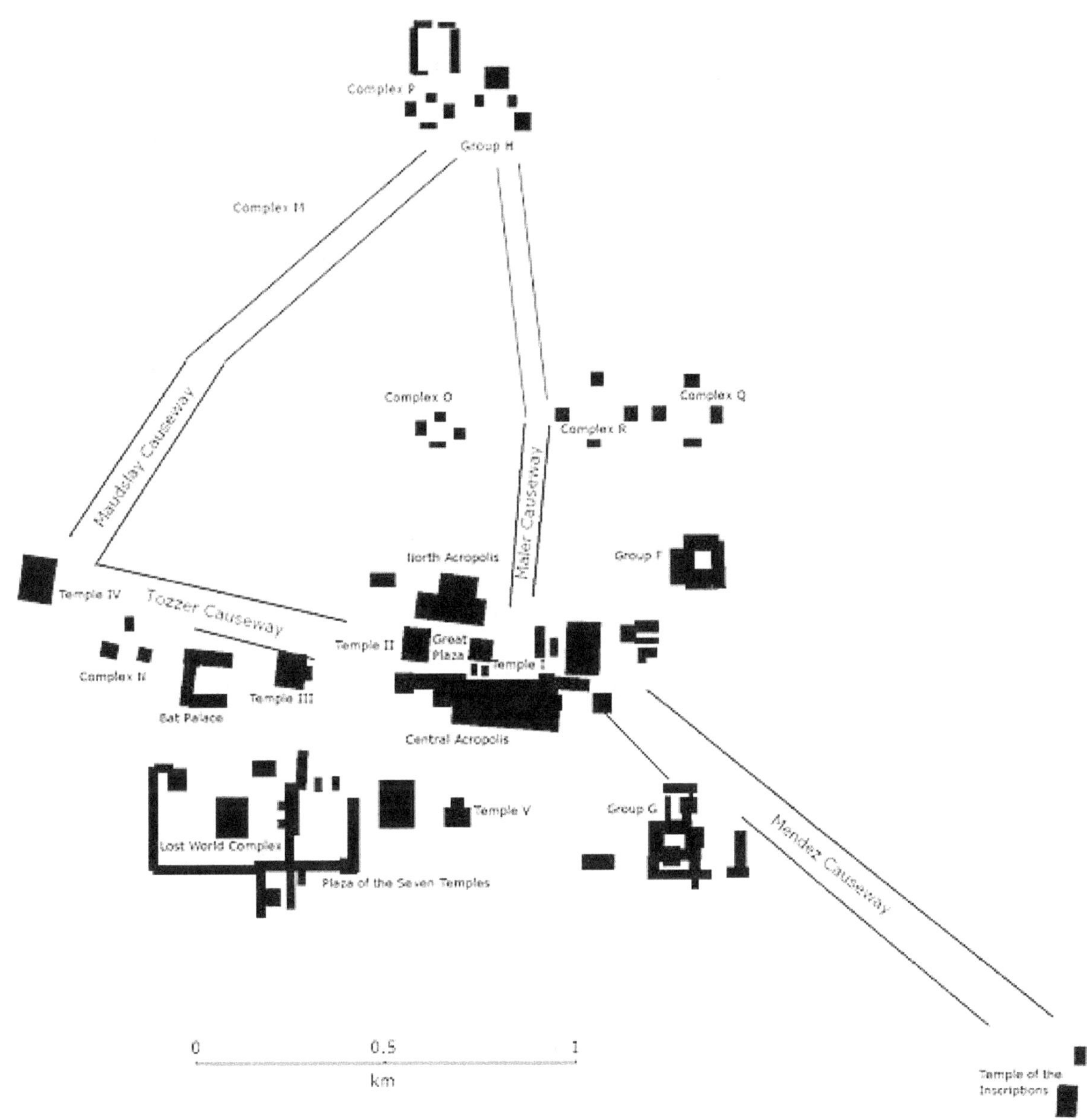

Um layout de Tikal

Dada a idade da cidade de Tikal, não é nenhuma surpresa que as verdadeiras origens da cidade e a data de seu primeiro povoamento tenham se perdido no tempo. Na verdade, a cidade era tão antiga que parece ter sido anterior à invenção da escrita pelos maias, e não foi registrada por gerações posteriores, provavelmente porque eles estavam mais preocupados com a fundação da Primeira Dinastia. Assim, a única informação que os historiadores podem obter sobre as datas vem das escavações arqueológicas no complexo tumba-templo da Acrópole do Norte. A Acrópole do Norte não é apenas antiga, mas foi sagrada e central para a vida política, religiosa e social das comunidades durante séculos, semelhante à Abadia de Westminster ou à Acrópole na Atenas Antiga. Os Antigos Maias que viviam em Tikal e desconheciam as origens da cidade em si viam a Acrópole do Norte não apenas como antiga, mas como um símbolo de sua identidade nacional e senso de identidade. Até agora, os arqueólogos determinaram que a data mais antiga para uma construção na Acrópole do Norte é cerca de 350 aC, embora os vestígios de povoamento provavelmente datem de séculos antes. Na época em que a cidade caiu, um milênio depois, havia se tornado um complexo amontoado de construções, um "labirinto de plataformas elevadas e paredes."

Fotos das ruínas da Acrópole do Norte

A cidade de Tikal foi fundada em uma posição favorável ao longo da extremidade sul de uma cordilheira norte-sul que divide a região de Peten. Em torno de Tikal, os colonos desfrutaram de vários ambientes variados. Nas terras baixas pantanosas chamadas "bajos", eles coletaram crocodilos, sapos, nenúfares e árvores de toras de madeira. Ao longo das colinas, eles cultivavam milho e outras safras e navegavam nos vales dos rios como rotas de comércio, trazendo itens úteis como conchas, algas e espinhos de arraia da costa do que hoje é Belize . A cidade que eles fundaram acabaria se tornando o centro clássico mais antigo habitado, com cerca de 39 governantes registrados.

Parece que os primeiros habitantes de Tikal adoravam "forças espirituais personificadas por [uma] máscara gigante de estuque semelhante a um pássaro. " Essas máscaras foram encontradas nos templos da Acrópole do Norte, e os arqueólogos descobriram monumentos semelhantes em outras cidades pré-clássicas da planície contemporânea, como El Mirador, Nakbé, Cerros e Uaxactun. Não há consenso sobre qual deus ou deusa exatamente foi representado pelas máscaras, mas há dois candidatos potenciais com base em documentos que sobreviveram aos espanhóis e registros mantidos pelos próprios espanhóis. No texto mitológico das Terras Altas Popoh Vuh, há um candidato chamado "Vucub Caquix", um senhor do crepúsculo que dominou a terra antes de ser deslocado pelos heróis gêmeos Hunahpu e Xbalanque. Outra possibilidade é o deus criador Itzamna, que foi registrado como sendo reverenciado pelos maias da península de Yucateca pelo padre franciscano Diego de Landa. A interpretação dos monumentos da Acrópole do Norte e dos templos ao redor varia muito, dependendo se esta figura é um senhor das trevas da era anterior aos humanos ou um criador amado. Claro, também é possível que essa divindade, que era adorada em um período de grande antiguidade, tenha sido substituída pelo surgimento de deuses posteriores como Tlaloc ou Quetzalcoatl. Apesar disso, não há relatos escritos conhecidos do nome desta divindade.

Uma vez que emergiu como uma unidade política digna de menção, o início de Tikal era dominado por duas cidades-irmãs localizadas a cerca de 20 milhas (32 km) a noroeste. Eram El Mirador e Nakbé, cidades que adotaram uma elaborada tradição urbana mesoamericana de grupos como os olmecas mais ao norte. Isso incluiu edifícios de pedra, templos no topo de pirâmides, o jogo de bola, e a construção de monumentos de pedra. O mais importante desses monumentos a emergir da tradição El Mirador / Nakbé foram "stelae" (o plural de "stela"), que eram grandes lajes de pedra cobertas por elaboradas esculturas comemorando eventos importantes. Semelhante às inscrições reais no Egito antigo, os reis em Tikal erigiam essas estelas para comemorar grandes vitórias, eventos importantes do calendário (o equivalente a décadas e centenários), investiduras de poder e mortes. Uma vez que poucos dos primeiros escritos maias sobreviveram às devastações do tempo e da conquista espanhola, essas estelas são frequentemente fontes importantes de informação sobre o que os reis queriam que os observadores soubessem sobre si mesmos.

Imagem de uma estela em Tikal

A quadra do jogo de bola em Tikal.Foto de Simon Burchell.

Capítulo 2: A Primeira Dinastia

Por volta de 300 DC, a entidade política El Mirador / Nakbé estava desmoronando, então seus vários estados vassalos foram capazes de agir de forma independente, incluindo não apenas Tikal, mas outros jogadores importantes da história posterior como Uaxactun e Calakmul. Nesse vácuo de poder surgiu o que os antropólogos chamam de "chefias", unidades relativamente simples governadas por um único líder (o chefe) e seu guarda-costas pessoal, que é capaz de extrair tributo dos fazendeiros vizinhos. Os chefes podem, por sua vez, enviar tributo a um chefe maior e supremo que controlava uma série de chefias menores .

Foi a partir dessa situação relativamente caótica e ocasionalmente brutal que a liderança de Tikal começou a consolidar o poder local e, eventualmente, os governantes estabeleceram um sistema para transferir o poder de uma geração para a seguinte. Eles também criaram instituições burocráticas básicas, como um sacerdócio, que deu continuidade e regularidade ao governo. Durante este processo, eles sem dúvida olharam para os exemplos de El Mirador e Nakbé, bem como de outras cidades vizinhas. Com o tempo, o que surgiu foi a criação da Primeira Dinastia.

As primeiras informações sobre a Primeira Dinastia não estão disponíveis porque muitas delas foram destruídas com a eliminação dos primeiros monumentos da cidade em 378 DC, mas mesmo se tivessem sobrevivido, os registros seriam irregulares devido à falta de sofisticação na escrita maia no momento. Levaria algum tempo até que o próprio povo de Tikal se envolvesse no aperfeiçoamento da escrita; na verdade, os registros contemporâneos só foram mantidos a partir de 292 DC, então tudo o que os estudiosos podem juntar sobre as eras anteriores da Primeira Dinastia veio do que foi escrito por gerações subsequentes de residentes de Tikal após o fato.

Como resultado, as estimativas dos estudiosos das datas dos reinados dos primeiros monarcas são baseadas em uma técnica chamada estimativa de duração média do reinado. Simon Martin, um historiador da região, compilou todas as datas conhecidas de início e término dos reinados de reis e rainhas maias e criou uma média de 22,5 anos. Ele então foi capaz de colocá-los em listas sem data de reis, como aquelas disponíveis para o início de Tikal . Embora esse sistema obviamente nem sempre (ou mesmo na maioria das vezes) forneça a data correta, ele oferece a melhor técnica para datar eventos como a fundação da Primeira Dinastia.

Ao mesmo tempo, o conhecimento daqueles primeiros dias melhorou nas últimas décadas, à medida que os historiadores descobriam novas informações sobre a Primeira Dinastia. Por exemplo, os estudiosos pensaram por muito tempo que A Grande Pata de Jaguar, o último governante da dinastia, era o 9º em sua linhagem, mas descobertas recentes revelaram os nomes de outros quatro primeiros reis. Quando adicionado à técnica de duração média do reinado, isso empurra o reinado de Yax Ehb 'Xook (Tubarão do Primeiro Passo) para cerca de 90 DC e abre a possibilidade de que seus restos mortais sejam encontrados em uma tumba esplêndida e suntuosa chamada Burial 85 no Acrópole do Norte.

O que está claro é que a vida real no início de Tikal girava em torno da Grande Praça, uma ampla área pavimentada entre os túmulos-templos da Acrópole do Norte e a Acrópole Central, uma estrutura complexa que incluía instalações administrativas, tribunais de justiça e áreas administrativas. Foi com esplendor aqui que a Primeira Dinastia construiu seu império. Outras famílias da elite tendiam a ter suas próprias casas espalhadas pelas colinas e fazendas vizinhas, onde podiam controlar a população local.

Residências reais em Tikal.Foto de Dennis Jarvis.

Templo I com a Acrópole do Norte à esquerda e o Centro da Acrópole à direita.

Um elemento definitivo da vida política da Primeira Dinastia foi o conflito da cidade com seu principal rival político, a cidade vizinha de Uaxactun. De muitas maneiras, Uaxactun permanece no registro como um gêmeo fantasmagórico, principalmente porque sua eventual conquista por Tikal significou que sua história inicial foi apagada e que permaneceu na sombra de Tikal depois disso. No entanto, parece que o Uaxactun inicial era quase igual em poder, tornando os dois rivais legítimos. Como Tikal, Uaxactun emergiu do caos do colapso da antiga estrutura de poder Nakbé e El Mirador, mas a eventual conquista de Uaxactun pela Segunda

Dinastia após a Teotihuacano Entrada solidificaria a cidade de Tikal como a potência dominante na região.

O último rei da Primeira Dinastia foi um dos mais importantes. Chak Tok Ich'aak I, cujo nome é escrito como Grande Pata de Fogo ou (mais comumente) Grande Pata de Jaguar, subiu ao trono por volta de 360 DC, e foi durante seu reinado que a cidade começou a olhar para fora em muito melhor maneira do que antes. Muito dessa perspectiva externa envolveu a importação de bens e ideias do México Central, especificamente Teotihuacán; o comércio já existia há algum tempo, mas atingiu novos patamares de sofisticação nesse período, principalmente envolvendo cerâmicas de alta qualidade. Conforme discutido mais adiante, Grande Pata de Jaguar pode ter escrito sua própria sentença de morte, porque parece que o exército Teotihuacano viajou por essas mesmas rotas comerciais para matá-lo. Outro impacto direto desse contato foi a criação do Complexo de Mundo Perdido.

Talvez a construção mais importante durante o reinado da Primeira Dinastia foi um complexo de templos e edifícios de apoio poeticamente chamados de Mundo Perdido. Localizado na extremidade oeste do centro da cidade, era o maior complexo de templos na cidade pré-clássica, dominado por uma grande pirâmide de quatro lados com três templos no topo, alguns dos quais podem ter sido usados como observatórios solares para mapear solstícios e equinócios. O impacto arquitetônico do contato mexicano no complexo do Mundo Perdido podia ser visto já em 250 DC, muito antes dos contatos comerciais do Grande Pata de Jaguar.

Um dos elementos mais importantes do estilo arquitetônico do Lost World é que foi a primeira área de Tikal a utilizar um estilo chamado "Talud-Tablero". Ao contrário de uma pirâmide egípcia com quatro lados lisos, as pirâmides mesoamericanas foram construídas como bolos de camadas ou degraus, com blocos quadrados cada vez menores colocados um em cima do outro. O estilo Talud-Tablero, também chamado de estilo "slop e painel", é caracterizado por "pares de taludes [camadas inclinadas] e tableros emoldurados [camadas horizontais] que passam completamente ao redor de uma plataforma e escadas flanqueadas por balaustradas que são cobertas com blocos finais (chamados remates). " Isso é importante porque o estilo não se originou entre os maias, mas na poderosa cidade mexicana central de Teotihuacán. A interação entre Tikal e esta distante capital imperial viria a dominar a sorte política de Tikal nos próximos anos, mas o Mundo Perdido também mostra a importância dos estilos mexicanos em uma data inicial em Tikal.

Uma das pirâmides do Mundo Perdido. Foto de Dennis Jarvis.

Templo em um Mundo Perdido. Foto de Mike Murga.

O telhado do Templo III

Uma pirâmide de passos que faz parte do "Complexo Q" em Tikal

Capítulo 3: A Entrada, Teotihuacán, e a Segunda Dinastia

O destino de Tikal mudou para sempre em 31 de janeiro de 378, quando um exército maciço chegou aos portões da cidade. Este evento tornou-se conhecido pelo nome espanhol "Entrada" que significa simplesmente a "Entrada", como na "entrada de Teotihuacán". Embora não haja registro claro dos eventos devido à grande escala de destruição que ocorreu, é claro que nem Tikal nem os Maias como um todo já tinham visto algo parecido porque esses soldados estrangeiros não só conquistaram, mas também governaram Tikal, apesar do fato de terem vindo de Teotihuacán, no México Central, a cerca de 1013 quilômetros de distância. Em poucas palavras, os teotihuacanos despacharam os governantes de Tikal e instalaram seu próprio povo para governar, o que ironicamente resultou em posicionar Tikal como a maior e mais importante cidade nas terras maias. No processo, os Teotihuacanos não só mudaram Tikal, mas a direção da civilização maia por séculos.

Essa conquista ocorreu depois que foram estabelecidos contatos comerciais entre as regiões maias e o que hoje é o México Central. Esses contatos remontam a séculos e incluíam a transferência não só de bens, mas também ideias. Um exemplo inicial disso foi a arquitetura Talud-Tablero encontrada no Complexo Mundial Perdido de Tikal, e outra importação mexicana claramente identificável encontrada no início de Tikal é obsidiana de tons verdes, que pode ser claramente identificada em locais no México.

Os primeiros contatos entre os Teotihuacanos e os Maias de Tikal e outras cidades começaram na cidade maia ocidental de Kaminaljuyu, que se tornou rica atuando como intermediário para os dois povos . O comércio de Tikal era principalmente com a cidade de Teotihuacán, que estava localizada no Vale do México, perto da atual Cidade do México. Prosperando entre 100-750 a.L., esta foi uma das maiores cidades do mundo antigo, com uma população de pelo menos 200.000 habitantes. Em comparação, quando Tikal estava no auge de seu poder no século 8 , ele tinha uma população de cerca de 60.000 habitantes. Teotihuacán era uma cidade extremamente bem planejada e eficiente que era capaz de lançar exércitos maciços e estender seu poder muito além de sua base para criar um império unificado do tipo que nunca foi possível nas terras maias menos férteis.

As ruínas de Teotihuacán

Há um debate de longa data sobre exatamente quanta influência Teotihuacán (e o México Central em geral) teve sobre o desenvolvimento do coração maia. Os maias têm sido protetores de sua região há muito tempo e tendem a minimizar a influência mexicana e enfatizar a criatividade maia. Antes da decifração do roteiro maia, eles argumentavam que os líderes maias imitavam estilos de Teotihuacán, mas não tinham contato direto ou regra . Nesta interpretação, o que aconteceu em 378 foi que o Grande Jaguar Paw, que havia iniciado o comércio com Teotihuacán, morreu e foi substituído por seu filho, Lorde Curl Snout, que formalizou a relação comercial e iniciou um período de emulação estilística de seus parceiros comerciais . No entanto, com o tempo, arqueólogos e historiadores encontraram evidências de que a transferência de poder em 378 de Grande Pata de Jaguar para Curl Snout - embora possa ter sido inspirada por contatos comerciais anteriores - foi tudo menos pacífica.

Hoje, há um consenso geral de que Tikal foi conquistado por um poderoso exército, e os rumores da marcha do exército conquistador devem tê-la precedido, pois tal força não poderia se mover rapidamente sem cavalos (que chegaram com os europeus). O primeiro registro que os historiadores têm de seus movimentos vem de uma cidade menor chamada El Perú, cerca de 78 quilômetros a oeste de Tikal. El Perú caiu em 23 de janeiro, e os exércitos chegaram a Tikal oito dias depois depois de viajarem até o rio San Pedro Martir.

À frente deste exército estava uma figura chamada Siyaj K'ak' ("Nascido no Fogo"), que parece ter sido um general. A escrita sobrevivente diz que Siyaj K'ak' foi enviado à frente do exército a mando de uma misteriosa figura chamada "Coruja lança-lança". Este nome não está escrito usando a escrita maia, mas é, em vez disso, uma imagem de uma coruja carregando um atlatl (um dispositivo para lançar lanças). A coruja pode ter sido um símbolo de um deus guerreiro ou casta na cidade, mas o nome "Coruja Lança- lança" parece mais provável ser um título do que o nome real da pessoa. Tradicionalmente, a Coruja lança-lança tem sido considerada como a governante de Teotihuacán que patrocinou a expedição, com base em alguns monumentos que parecem colocar a data de sua ascensão a um trono (qual trono ao certo não se sabe, porém não é o de Tikal) em 4 de maio de 374 e sua morte em 10 de junho de 439. Os registros também sugerem que ele levou uma esposa Maia . No entanto, recentemente houve um debate sobre se o título realmente se refere a um deus, porque alguns murais encontrados em Teotihuacán referem-se a um local chamado "Monte da Coruja lança-lança", e esses murais são aproximadamente contemporâneos com a Entrada de 378. Neste entendimento, Coruja lança-lança é um deus marcial semelhante ao deus asteca huitzilopochtli. Os arqueólogos e historiadores terão que encontrar mais evidências (incluindo uma busca pelo Monte Coruja lança-lança) antes que uma declaração mais definitiva sobre o assunto possa ser feita.

De qualquer forma, quando este exército chegou, os Maias provavelmente resistiram, mas Tikal não tinha paredes, uma característica defensiva que não apareceria nas cidades maias até séculos depois. Também parece que a resistência não fez muito mal aos exércitos de Teotihuacán, que rapidamente conquistaram outras cidades também. Imagens encontradas na cerâmica mostram a chegada dos guerreiros e embaixadores mexicanos e a morte do Grande Jaguar Paw em 31 de janeiro de 378. Evidências mais diretas de conquista vêm de Uaxactun, onde uma imagem mural retrata uma Maia submissa e um Teotihuacano dominante do período de tempo . É útil comparar essa imagem com o tipo de imagens encontradas na cidade de Chichén Itzá cerca de 600 anos depois. Há um debate semelhante em Chichén sobre uma possível invasão por uma potência mexicana central (desta vez o Império Toltec), mas não há registro de conquista e nenhuma imagem de maias dominados por mexicanos.

Há também evidências arqueológicas para uma mudança na natureza do contato mexicano-maia neste momento também. Por exemplo, Tikal tornou-se o lar de consideravelmente mais objetos teotihuacano depois de 378, especialmente tripés de tampa revestidos em estuque pintado. Ainda mais notável é o fato de que houve uma destruição sistemática de monumentos de antes de 378, e o uso da pedra quebrada como preenchimento para novos projetos de construção ou sua exportação para outras cidades menos importantes. Para um sistema real cuja legitimidade foi fundada sobre uma conexão com o passado (especialmente na forma dos túmulos da Acrópole norte), a destruição desses registros passados indica uma grande ruptura política ocorrida naquele ano.

Uma máscara de estuque adornando um templo na Acrópole Norte. Foto de Bjørn Christian Tørrissen.

Também é sabido que durante o mesmo ano, um exército fora de Tikal finalmente conquistou Uaxactun e eliminou sua linha dominante. Em seu lugar, o irmão do senhor de

Tikal, um homem chamado Lord Smoking Frog, foi colocado no trono e fundou sua própria dinastia cadete que governaria na sombra de Tikal . A última data que os estudiosos têm para a queda de uma cidade vizinha foi 381. Os teotihuacanos colocariam suas próprias dinastias em todos esses locais, mas não está claro qual era a relação entre Tikal e essas outras conquistas, ou se havia uma coordenação central eficaz. Se houvesse, acabaria por quebrar nas guerras que surgiriam algumas gerações depois.

Independentemente da Coruja lança-lança ser um homem ou um deus, ele não foi o governante titular de Tikal por muito tempo, porque o registro sugere que seu filho, Yax Nuun Ayiin I ou "Curl Snout" assumiu o trono em 12 de setembro de 379. Esta data marca o início da Segunda Dinastia, e Curl Snout reinaria por 25 anos até sua morte em 17 de junho de 404. Quando ele chegou ao trono, Curl Snout era apenas um menino, e parece que o general Siyaj detinha as rédeas do poder como um regente sobre a cidade durante a juventude de Curl Snout.

Stela em Tikal representando Curl Snout. Foto de H. Grobe.

Enquanto Curl Snout não viveria até uma velhice madura (se Coruja lança-lança fosse um homem, ele aparentemente sobreviveu ao seu filho por 35 anos), seu reinado foi notável como a marca d'água alta do imperialismo teotihucano na região. Foi quando os monumentos datados antes de 378 foram destruídos, e o regime tinha como objetivo recriar as imagens reais do México Central em seus monumentos e murais. Esta primeira geração de conquistadores não tinha conexões com a terra que governavam e derivava sua legitimidade de seu distante patrono Coruja, mas Curl Snout casou-se com uma esposa com títulos reais maias, então houve pelo menos uma tentativa nominal de associar a Segunda Dinastia com a estrutura de poder anterior. Acredita-se que Curl Snout foi enterrado no magnífico Enterro 10 no Templo 34, que foi o primeiro edifício a sair da tradicional face frontal da Acrópole Do Norte (embora outros seguiriam nas gerações posteriores).

Após a morte de Curl Snout, seu herdeiro ainda não era considerado um adulto, assim como Siyaj K'ak' governou como um regente durante a juventude de Curl Snout, outro não-real chamado Siyaj Chan K'inich ("Céu Nascido Deus Sol") governaria de 406-411. Depois de sentar-se sob o polegar do regente Siyaj Chan K'inich por cinco anos, o novo rei, Siyaj Chan K'awiil II (Lorde Céu Tempestuoso), subiu ao trono de Tikal em 26 de novembro de 411. Ele teria um reinado particularmente longo e produtivo antes de morrer em 3 de fevereiro de 456 (45 anos, o dobro da média).

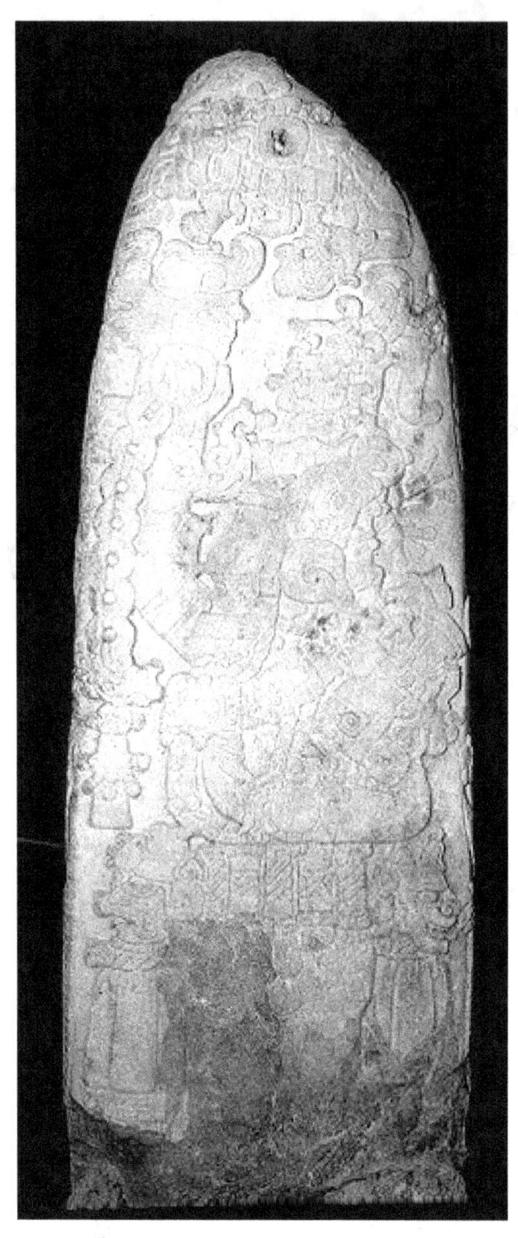

Uma estela representando Céu Tempestuoso

O reinado de Lord Céu Tempestuoso foi caracterizado
por um ressurgimento do imaginário maia na propaganda
real e uma ênfase na continuidade da Segunda Dinastia
com a realeza da Primeira Dinastia através da linha de sua
mãe. Esta foi uma ruptura distinta com as imagens do
reinado de seu pai, que retratava os maias apenas como

subservientes e era dominada por símbolos mexicanos importados. Na verdade, houve um uso consciente de arqueais na arte; por exemplo, os artesãos basicamente recriaram uma estela de 150 anos com apenas uma redação ligeiramente diferente. As palavras de outros monumentos também enfatizaram a precedência do sangue real sendo transferido através da linha feminina no caso da rainha do século IV, Lady Une' B'alam . Além disso, a ênfase foi retirada do ritual no complexo conscientemente mexicano do Mundo Perdido e devolvida à completamente Maia Acrópole do Norte Maia. Outra evidência da mudança é que a regalia real retratada nas estelas retornou à forma tradicional maia criada no século III, e isso permaneceria basicamente inalterado até o colapso da cidade. Até o nome do rei - possivelmente um nome real - era uma referência a um rei anterior, Rei Tempestuoso, que subiu ao trono por volta de 307 aD.

O que inspirou os teotihuacanos triunfantes a "nativizar" e enfatizar a cultura maia e a tradição dinástica que eles haviam desprezado anteriormente? Os registros escritos e arqueológicos são em sua maioria silenciosos sobre isso, mas é possível fazer comparações com casos semelhantes ao redor do mundo onde uma elite guerreira invasora conquista uma vasta faixa de território. Exemplos incluem os normandos franceses na Grã-Bretanha, os gregos helênicos em grande parte de seu império pós-Alexandre, a Dinastia Turca Safácida na Pérsia, e os Manchus na China. Em todos esses casos, a elite estabeleceu não apenas uma dinastia dominante, mas também instalasse linhas menores em todo o novo território, e no processo, eles se espalharam bastante. Os teotihuacanos conquistados devem ter precisado aprender a falar a língua local para se comunicar não só com os camponeses, mas com os administradores e burocratas locais de Tikal, e com o tempo, gerações subsequentes da elite que cresceram se comunicando com os locais provavelmente não tinham experiência direta ou laços emocionais com sua terra natal. Além disso, eles podem ter se ressentido de ter que enviar tributo de volta "para casa" e podem ter assimilado ainda mais os esforços para se legitimar para evitar revoltas locais.

Um efeito a longo prazo desse período de força, durante o qual a influência de Tikal-Teotihuacán se espalhou pelas Terras Baixas maias, foi um reforço do sistema dinástico. Na verdade, embora Tikal tenha sido um pioneiro nesta forma de governo, foi apenas com a influência da tradição mexicana de Teotihuacán que atingiu seu auge. O domínio de Tikal também ajudou a espalhar o culto do deus da chuva Tlaloc (que ficou conhecido pelo nome maia Chaak) através das terras maias, onde ele deslocou o divindade anteriormente com cara de pássaro como o deus principal . Houve algum argumento de que essa tradição dinástica e religiosa promoveu a oposição entre grupos maias mais conservadores e ajudou a angariar apoio aos inimigos de Tikal no tradicionalista Calakmul, que reivindicou descendência real de El Mirador.

Uma representação da era clássica de Chaak

Capítulo 4: O Grande Hiato e a Terceira Dinastia

Quando os arqueólogos começaram a juntar a história de Tikal em meados do século 20, eles encontraram um problema confuso. Entre 562 e 692 - um total de 130 anos - nenhum monumento datado foi construído na cidade, nem houve grandes obras. Era como se a liderança da cidade tivesse simplesmente deixado por mais de um século. Complicando ainda mais esta imagem está o fato de que muitos monumentos clássicos primitivos que antecedem 550 aD foram vandalizados . Desta vez ficou conhecido como o "Hiato", mas hoje, os estudiosos têm uma compreensão muito mais rica desse período. A falta de monumentos em Tikal durante o Hiato não impede mais a compreensão do período, tanto quanto antes, porque muito foi aprendido com cerâmicas comemorativas e monumentos decorados em outras cidades.

Longe de ser um período de quiescência, sabe-se agora que esse período foi marcado pelo caos, intriga política e guerra. As raízes do Hiato começam em um período conturbado entre 508 e 562. Após a morte de Chak Tok Ich'aak em 24 de julho de 508, parece ter havido um vácuo de poder, o que ficou perfeitamente claro 13 dias depois, quando a cidade relativamente fraca de Yaxchilan capturou uma das cidades vassalos de Tikal. Os eventos exatos depois disso são em grande parte perdidos porque a maioria das estelas são desfiguradas ou inacabadas, mas parece que a elite de Tikal se dividiu entre duas facções.

Nessa época, uma figura chamada "Dama de Tikal" apareceu no palco. Filha de Chak Tok Ich'aak, ela tinha apenas quatro anos quando seu pai morreu e era, sem dúvida, um peão de uma facção maior, pelo menos inicialmente. Ela aparece em estelas em 511, 514 e 527, mas sempre em associação com um co-governante masculino, e em 527, ela foi retratada como governante ao lado de Kaloomte' B'alam, um general envolvido no ataque 486 à cidade de Maasal e geralmente considerado o 19o rei de Tikal. No entanto, entre 527 e 537, ela se torna associada ao 20º rei, lorde "Garra de Pássaro".

Em 557, a sorte parece ter mudado, como outro rei, "Pássaro Duplo", é marcado como o 21º rei. Pássaro Duplo também era filho de Chak Tok Ich'aak II, nascido em janeiro de 508, apenas sete meses antes da morte de seu pai. Ele é comemorado como tendo chegado ao poder em 29 de janeiro de 537, e os monumentos o registram como tendo "retornado" (presumivelmente do exílio) durante este período.

Como esses registros sugerem, a morte de Chak Tok Ich'aak II levou a conflitos dinásticos, com diferentes elementos de sua corte apreendendo seus dois filhos pequenos como peões para fazer reivindicações separadas ao trono. Enquanto isso, as divisões internas da cidade significavam que as elites de Tikal eram incapazes de manter seu controle sobre a política maia mais ampla. Em 553, Pássaro Duplo é registrado como patrocinando o governante na distante Caracol, mas no mesmo ano, o reino muito mais próximo de Naranjo tornou-se um vassalo da cidade rival de Calakmul. Isso foi seguido em 556 por uma guerra direta com o agora rebelde Caracol, onde Tikal perdeu um vassalo para a cidade inicial. Finalmente, em 562 houve um evento chamado "guerra das estrelas", uma guerra que foi programada para coincidir com os movimentos de Vênus. Durante esta guerra, um exército provavelmente consistindo das forças combinadas de Caracol e Calakmul invadiu Tikal e ritualmente matou Pássaro Duplo.

É certamente notável que os primeiros estudos arqueológicos documentaram os colapsos simultâneos de Teotihuacán e Tikal, mas não está claro como ou se os dois estão ligados. Teotihuacán se lembrou de seus soldados de Tikal? A queda de Teotihuacán foi vista como uma retirada do mandato divino e algo que poderia ter galvanizado os inimigos de Tikal? Outra teoria é que o colapso foi provocado pelo colapso do comércio e a incapacidade das elites de Tikal de manter suas próprias rotas comerciais. Independentemente de exatamente quais eram as conexões entre o colapso de Tikal e Teotihuacán, 562 aD foi um importante evento na Mesoamérica porque testemunhou o colapso da cidade mais poderosa da região e a conquista e subjugação de sua segunda mais poderosa.

Os debates sobre as divisões internas em Tikal e os efeitos do colapso de Teotihuacán também ofuscam o fato de que o colapso da hegemonia de Tikal foi, pelo menos em parte, produto de uma estratégia geopolítica de dois rivais: Caracol e, especialmente, Calakmul. Calakmul era, como Tikal, um herdeiro da antiga era pré-classe, tendo emergido de ser um vassalo de El Mirador e Nakbé. A capital do reino estava localizada a 39 km ao norte das ruínas do antigo El Mirador e parecia ter afirmado ser o legítimo herdeiro daquela antiga cidade. Desta forma, os governantes de Calakmul saltaram sobre Tikal e Teotihuacán, efetivamente afirmando-se como os verdadeiros herdeiros da civilização maia.

Calakmul e o reino que governou, chamado Kaan (o Reino da Cobra), permaneceram na sombra de Tikal durante os dias de glória de Tikal, mas o reino nunca foi conquistado por Tikal ou pelos Teotihuacanos. Na década de 540, Calakmul começou a cimentar energia e começou a implementar uma estratégia para deslocar Tikal. King Stone Hand Jaguar e, em seguida, King Sky Witness trabalharam ao longo dos anos 540 e 550 para trazer para o calcanhar uma pequena cidade após a outra, a fim de criar um anel de inimigos em torno de Tikal. No processo, eles aparentemente esperavam ser capazes de matar Tikal de fome, negando-lhe tributo de vassalos e impedindo-o de reconstituir redes comerciais para o México Central que estavam em declínio com o colapso de Teotihuacán.

Parece que, apesar de suas divisões, as elites tikal estavam cientes dessa estratégia, pelo menos depois que as tropas da Testemunhas do Céu trouxeram Caracol sob sua bandeira em 561 . O último rei da Segunda Dinastia de Tikal, Lorde Pássaro Duplo, ordenou um ataque a Caracol em 562, sem dúvida, esperando quebrar o estrangulamento que Calakmul havia criado. Infelizmente, ele subestimou a força de seus inimigos ou talvez superestimou seu próprio poder. Ele não só não conseguiu tomar Caracol naquele ataque, mas posteriormente perdeu tudo no contra-ataque da aliança.

Por volta de 593 a.I., um novo rei é registrado como ascendente ao trono de Tikal:Rei Crânio Animal, 22º na fila. Há evidências que mostram que essa ascensão envolveu a ascensão de uma terceira dinastia ao poder. Por um favor, há uma referência oblíqua ao ritual de assassinato de Double Bird, e a cerâmica feita para Caveira Animal faz muito de suas conexões matrilineais com a elite de Tikal, mas é completamente silenciosa sobre seu pai. Na verdade, a compreensão dos estudiosos sobre a linha dos primeiros reis vem de cerâmicas retrospectivas que traçam sua linhagem. Ambos os elementos dão peso ao argumento de que o Crânio Animal fazia parte de uma nova família governante colocada no poder pelos vitoriosos Caracol e Calakmul, uma ocorrência comum nas conquistas maias.

No curso normal dos acontecimentos, essa conquista deveria ter sido o fim político de Tikal. Um exemplo típico seria o antigo rival de Tikal, Uaxactun, que se tornou um jogador menor após sua conquista. Não há dúvida de que os poderes vitoriosos de Caracol e Calakmul tinham muito em jogo em manter Tikal sob seu polegar.

Após a morte de Crânio Animal em 628 a.C., parece ter havido uma transição relativamente ordenada, já que sua tumba foi construída imediatamente e foi bem feita e adornada. No entanto, essa unidade não era para durar, pois um cisma parece ter ocorrido já em 648.000.C.. Cerca de 112 quilômetros a sudoeste de Tikal, uma nova cidade chamada Dos Pilas tinha um rei, B'alaj Chan K'awiil, que alegou ser o governante legítimo de Tikal. Sua ascensão ao trono foi apoiada por Calakmul , mas enquanto isso, em Tikal, um governante chamado Nuun Ujol Chaak ("Caveira de Escudo") - um rival de B'alaj Chan K'awiil em Dos Pilas - assumiu o trono.

Em resposta, Yuknoom, o Grande de Calakmul, lançou outra guerra estelar em 657 para ejetar o início, mas os resultados deste conflito são confusos. Crânio de Escudo fugiu de Tikal para a distante cidade de Palenque (outro inimigo de Calakmul), mas B'alaj Chan K'awiil e as elites dos Dos Pilas aparentemente não retornaram em triunfo para Tikal. Não está claro por que isso aconteceu, mas alguns especularam que Calakmul decidiu governar a cidade diretamente. Crânio de Escudo é gravado como presente em Palenque em 659, mas ele eventualmente retomou Tikal e, em seguida, Dos Pilas em 672. Mais uma vez, Calakmul atacou as forças de Crânio de Escudo e o expulsou de Dos Pilas em 677, sendo ele derrotado de uma vez por todas em 679 aD. Embora os estudiosos não estejam certos, parece que a Terceira Dinastia continuou no exílio em Dos Pilas até cerca de 807.000.000.

Para entender Tikal durante o Hiato, uma comparação útil é o século 20 na China. Internamente dividida e cercada por inimigos, a dinastia tradicional (a Segunda Dinastia em Tikal ou o Manco na China) foi derrubada e governantes fantoches - talvez com laços ideológicos com potências estrangeiras - são colocados em prática (a Terceira Dinastia de Tikal e o governo pró-ocidental de Chiang Kai Shek), e a nação está cercada de estados inimigos (Naranjo, Caracol e outros para Tikal e Japão). , Coreia e Índia para a China). Quando a revolução derruba o governo, um grupo de sobreviventes foge e estabelece um domínio mesquinho sob a proteção dos antigos mestres, para quem é útil reconhecer os exilados como o governo legítimo (nestes casos, Dos Pilas e Taiwan).

Apesar de seu fracasso geral em restaurar Tikal à glória, Shield Skull foi bem sucedido em inflamar as brasas da independência e poder de sua cidade, algo que seu filho deveria ver. Este filho, Jasaw Chan K'awiil I, foi possivelmente o governante mais importante na longa história de Tikal.

Um altar representando Jasaw Chan K'awiil I

Capítulo 5: Jasaw Chan K'awiil I e a Quarta Dinastia

O edifício mais famoso de Tikal, e sem dúvida um dos edifícios mais famosos e evocativos de todos os reinos maias, é o melancolicamente chamado Templo I. O Templo I, que tem 47 metros, não é o edifício mais alto do local, mas seus lados são incrivelmente íngremes, há também um templo de coroação, e a existência de seu espelho no Templo II do outro lado da praça dão-lhe uma qualidade notável que os visitantes notam há séculos. A tumba fica duramente contra a Acrópole norte, mas não faz parte desse complexo; em essência, os Templos I e II enquadram dramaticamente a Acrópole. Talvez seja apropriado que a tumba de Jasaw Chan K'awiil I - o maior rei de Tikal - acene às tradições funerárias da Acrópole do Norte, mas também as quebrem, porque depois de Jasaw, nenhum outro rei seria enterrado nos antigos corredores de seus antepassados.

A parte de trás do Templo I

A frente do Templo I. Imagem de Dennis Jarvis

Jasaw Chan K'awiil enfrentou uma batalha difícil quando chegou ao poder em 3 de maio de 682. Ele se via como um restaurador de Tikal, mas provavelmente tinha pouco com o que trabalhar: os exércitos de seu pai haviam sido derrotados cinco anos antes, uma dinastia rival reivindicou seu trono em Dos Pilas e é possível que inimigos ocupassem sua capital. Embora ele possa ter tido alguma ajuda dos aliados de seu pai em Palenque, o fato de ter superado todos esses desafios e finalmente derrotado os exércitos de Calakmul em uma batalha aberta em 5 de agosto de 695 é uma prova de sua habilidade como administrador, diplomata e estrategista.

Como restaurador, Jasaw Chan K'awiil procurou lembrar sua cidade de suas antigas glórias, então ele reavivou abertamente o simbolismo da extinta Teotihuacán, especialmente sua regalia (da mesma forma que os europeus usariam o simbolismo romano séculos depois daquele império colapso). Ele tinha um olho para o passado, incluindo hospedar a comemoração de sua batalha de 695 em 14 de setembro, a fim de comemorar também o 13º aniversário de K'atun (256 anos - um número auspicioso) da morte de seu progenitor Teotihuacano Coruja Lança-lança.

Depois de quebrar o domínio do laço de Calakmul em torno de Tikal, Jasaw Chan K'awiil começou a recriar o antigo império. Ele pode ter tomado Masaal e Naranjo como os despojos da vitória de 695 (embora ele tivesse que reprimir rebeliões em Naranjo mais tarde), e ele deve ter ficado muito satisfeito em demitir Dos Pilas em 705. Em 711, ele havia retomado as cidades de Motul de San José, El Perú e Uaxactun. Uma vez que essas conquistas foram concluídas e o Noose foi quebrado, Jasaw Chan

K'awiil iniciou um grande número de projetos de construção na capital antes de sua morte em 731 DC.

Apesar de sua ênfase na continuidade com o passado antigo e suas afirmações óbvias da herança da legitimidade de Teotihuacán, Jasaw Chan K'awiil parece ter sido o fundador da Quarta (e última) Dinastia em Tikal. Claro, os historiadores não sabem (e provavelmente nunca saberão) se Jasaw Chan K'awiil foi realmente o herdeiro direto de Pássaro Duplo, o último governante da Segunda Dinastia, mas de qualquer forma, ele foi sucedido por várias gerações de governantes. Seu filho Yik'in Chan K'awiil, o 27º rei, ascendeu em 734 e construiu sobre os triunfos de seu pai para fortalecer o império, destruindo para sempre o desejo de Calakmul de dominar em uma série de campanhas militares que também remodelaram o centro de Tikal e refletiram sua retornar à grandeza.

No auge da cidade nessa época, tinha mais de 60.000 habitantes cobrindo 10 milhas quadradas (25 quilômetros quadrados) . Este período de força continuou por mais dois reis até o reinado de Yax Nuun Ayiin II em 794 DC. No auge da cidade, seus mercadores comercializavam sal, algodão, cacau, obsidiana, jade e penas, e a cidade dominou os rios e portos da região, reconstituindo redes de comércio que haviam declinado durante o Hiato.

Capítulo 6: O Colapso

No início do século 9 , pode ter parecido aos residentes de Tikal que a cidade havia passado seus dias mais sombrios e governaria a região por mais seis séculos, mas na realidade, a cidade e sua ordem sociopolítica logo seriam história. Esse período se tornaria famoso como o Colapso Maia.

Após a relativa prosperidade de Yax Nuun Ayiin, as elites Tikal mais uma vez ficaram quietas. A importante data do décimo ritual Bak'tun em 830 não foi comemorada em pedra, uma parte de um período de 60 anos conhecido como Segundo Hiato durante o qual não houve monumentos. Entre os anos de 809 e 869, não há evidências de qualquer autoridade central na cidade; embora deva haver alguma forma de ordem, não há nada que sugira que era uma dinastia tradicional com pretensões ao poder clássico.

Em 869, Jasaw Chan K'awiil II, um nome provavelmente escolhido em homenagem ao famoso rei do passado, mandou erguer uma estela em sua honra como rei de Tikal, mas foi incapaz de impedir que os governantes das pequenas cidades vassalos de Tikal afirmassem suas reivindicações ao trono de Tikal, algo que nunca havia ocorrido antes. O último monumento construído na cidade foi em 889 DC, e embora a cidade não tenha sido abandonada imediatamente (há evidências arqueológicas de assentamentos lá que duraram até o final do século 10 ou início do século 11), as gerações subsequentes de residentes nem mesmo mantiveram o pretexto de governo dinástico. Na verdade, alguns dos residentes se ocuparam em palácios e templos e minaram os túmulos da Acrópole do Norte para seus tesouros. Da mesma forma, em Dos Pilas, foram construídas obras de terraplenagem rudimentares que cortaram velhas estradas, pátios e até edifícios . Também há evidências de que grupos locais na região faziam ataques regulares uns aos outros.

Um dos palácios de Tikal. Foto de Dennis Jarvis

O colapso maia fascinou os ocidentais desde que as ruínas foram descobertas e descritas por visitantes europeus do século 19. A obsessão dos dias modernos por "locais misteriosos", evidenciada por uma série de documentários duvidosos e estudos espúrios atribuindo triunfos maias a todos, de alienígenas à Atlântida, obscureceu o fato de que estudos recentes fizeram muito para esclarecer não apenas os detalhes da lutas dinásticas dos maias, mas também as razões para o eventual colapso de sua civilização. Na verdade, não há nada de chocante na ideia de que toda uma área cultural pode sofrer um colapso irrecuperável, como a história oferece muitos exemplos. Em seu livro sobre o assunto Collapse, How Societies Choose to Fail or Succeed, Jared Diamond examinou não apenas os maias, mas também a Ilha de Páscoa, as Ilhas Pitcairn, os Anasazi, os Vikings na Groenlândia e a China, Austrália e Hispaniola contemporâneas.

Em seu livro, Diamond argumenta que o colapso maia foi um desenvolvimento ecológico gradual ocasionado pelos sistemas político e econômico de Tikal e outras cidades. A agricultura maia era fortemente dependente do milho, um alimento relativamente pobre em proteínas (em comparação com o trigo e a cevada), e eles não tinham acesso a uma ampla seleção de animais domesticados, uma vez que só tinham acesso a cães e perus. Esta produção foi significativamente menor na área maia do que em outras partes da Mesoamérica devido aos solos pobres e clima úmido. A umidade impedia o armazenamento de milho por mais de uma estação, a falta de animais de tração significava que os alimentos não podiam ser transportados por longas distâncias e a agricultura exigia muito trabalho.

À medida que os níveis populacionais atingiam o pico no período Clássico Tardio, a época do segundo zênite de Tikal por volta dos anos 700, os fazendeiros maias exploravam terras agrícolas cada vez mais precárias, levando ao desmatamento e à erosão em uma escala sem precedentes. Mesmo os gloriosos edifícios no centro de Tikal precisariam de imensas quantidades de madeira para fazer as grossas camadas de gesso que cobriam as superfícies. Por sua vez, isso pode ter levado a secas de produção humana causadas pelas interrupções nos ciclos da água, tudo devido à falta de florestas e à velocidade de escoamento sem o aprisionamento causado pelas raízes. Além disso, em 760 DC, a pior seca regional em milhares de anos começou, durando mais de quatro décadas e agravando todos esses problemas. À medida que terras agrícolas erodidas eram abandonadas e a seca se espalhava, haveria conflitos crescentes entre os agricultores e raiva crescente da classe dominante que não estava desempenhando seu papel de intercessora com o divino. Na verdade, na cidade de Copán, essa raiva se transformaria em violência absoluta; o palácio real foi totalmente queimado em 850 DC, e nada foi ouvido das elites depois disso.

O colapso afetou uma ampla gama de cidades clássicas, incluindo Tikal, Calakmul, Palenque e Caracol, mas não afetou todos os maias. Isso foi especialmente verdadeiro para aqueles no extremo norte da Península de Yucatán, que fundaram novas cidades como Uxmal, Chichén Itzá e Mayapán após o colapso. Além disso, os próprios maias em torno de Tikal não desapareceram. Na verdade, eles ainda vivem lá, constituindo a maioria da população do norte da Guatemala e dos estados mexicanos vizinhos. Em vez disso, o colapso deve ser entendido como um evento político: o colapso do sistema dinástico maia tradicional e a perda de grande parte da população maia nas fomes resultantes.

E como foi o colapso? Foi um evento lento, afetando primeiro as áreas periféricas e depois os grandes centros. A fome e a seca teriam expulsado os camponeses de terras marginais, enchendo as cidades de mendigos e aumentando os recrutas para os exércitos. Algumas famílias marchariam para longe ao norte em busca de novas terras, fundando cidades de Yucatán como Uxmal. Ao mesmo tempo, os reis rivais teriam procurado tirar vantagem dos rivais mais fracos ou expandir sua base agrícola enfraquecida às custas de seus inimigos. Exércitos cada vez mais desesperados provavelmente passaram a se parecer com bandidos, e seus reis provavelmente agiam mais como capitães bandidos. As pessoas podem ter se voltado para a religião e depois se voltado contra ela, profanando templos e queimando palácios, matando reis e sacerdotes. A população encolheu, não apenas por causa de mortes por fome, doença e guerra, mas porque em tempos desesperadores e incertos, quando o mundo parecia estar desmoronando, eles provavelmente tiveram menos filhos . Aqueles que sobreviveram para continuar deixaram as cidades para evitar todos os problemas e, no processo, Tikal e seus rivais foram finalmente reduzidos a ruínas. Ao pensar sobre o colapso maia, muitas descrições podem vir à mente, como "trágico", "fascinante" e até "inevitável", mas "enigmático" e "misterioso" não estão entre elas.

Um exemplo moderno disso seria o declínio massivo da população nos estados da ex-União Soviética após o colapso desse governo.

Ao mesmo tempo, está claro que Tikal influenciou os assentamentos maias posteriores. Além de seu papel direto no domínio da estrutura política e econômica do coração maia durante seus períodos de hegemonia regional, Tikal teve um lugar muito maior na história maia como uma das fontes dos elementos mais sofisticados da cultura maia. O primeiro deles foi servir de modelo político muito além das áreas que controlava. No auge, os governantes de outras cidades maias se esforçaram muito para demonstrar seus vínculos genealógicos e ideológicos com Tikal, até mesmo emulando a cerimônia real e os trajes reais da cidade. Isso foi especialmente verdadeiro depois da Entrada Teotihuacano, quando o sistema dinástico foi infundido com os sistemas patriarcais e rituais religiosos e simbolismo do México Central. Mesmo após o colapso da civilização maia clássica, parece que os refugiados que vieram para o norte de Yucatan também trouxeram essa tradição dinástica (embora com muitas mudanças) quando fundaram novas cidades como Uxmal, Chichén Itzá e Mayapán.

Além disso, os escribas em Tikal estavam na vanguarda na transformação do sistema de escrita incipiente que herdaram de El Mirador e Nakbé em uma ortografia sofisticada e totalmente formada, capaz de expressar todas as sutilezas da linguagem humana. Esse feito notável - a criação da escrita - só foi realizado três vezes na história da humanidade: na Mesoamérica, na Mesopotâmia e na China. Os belos glifos maias alcançaram sua floração máxima em Tikal e nas cidades vizinhas e, mesmo hoje, mais de 7.000 textos de tamanhos variados sobreviveram.

Capítulo 7: Tikal Moderna

"A imaginação gira.Existem relevos, pirâmides, templos na cidade extinta.O murmúrio úmido dos arroios, vozes, crepitações das vinhas emaranhadas, o som de asas batendo, goteja no imenso mar de silêncio.Tudo palpita, respira, exaurindo-se em verde acima do vasto telhado de Peten. " - Miguel Ángel Asturias (1967 Prêmio Nobel), em O Espelho de Lida Sal: Tales Based on Mayan Myths & Guatemalan Legends, p. 13-14.

A cidade de Tikal foi abandonada, mas nunca foi verdadeiramente perdida ou esquecida. Quando os espanhóis chegaram à área do Lago Peten Itzá na década de 1620, eles encontraram os governantes locais Itzá Maias da cidade próxima ao lago de Tayasal adorando as ruínas e venerando seus construtores, bem cientes de que os antigos Tikal eram seus ancestrais . No período colonial, era ocasionalmente visitado por espanhóis e certamente era bem conhecido pelos caçadores locais que regularmente viajavam por ele em suas caminhadas.

O primeiro levantamento das ruínas pelo governo guatemalteco foi feito em 1848, seguido pelos desenhos de estelas de Eusebio Lara no local, que atraíram considerável atenção. Embora a Guatemala tenha declarado sua independência em 1825, foi somente em

1840 que ela se tornou totalmente independente das Províncias Unidas da América Central. Desde o início, a Guatemala buscou estabelecer sua identidade nacional com base em parte na glorificação do antigo passado maia, o que é profundamente preocupante, considerando os grandes esforços que esse mesmo governo fez para conter os povos maias que realmente vivem em seu território, mesmo ao ponto de uma tentativa de genocídio no final do século 20. Apesar dessas contradições, o governo guatemalteco baseou muito de seu simbolismo nos maias, incluindo uma escultura clássica de uma cabeça maia na moeda de 25 centavo e o Templo I de Tikal no verso da velha nota de 1/2 Quetzal.

A moeda guatemalteca é o "Quetzal".

Em 1877, os europeus ficaram cada vez mais interessados em Tikal e nas outras ruínas, especialmente depois que o austríaco Gustav Bernoulli visitou a cidade e levou consigo uma série de painéis esculpidos em madeira para casa. Esses painéis, que eram dos Templos I e IV retratavam a vida de Jasaw Chan K'awiil I, e embora seu saque e movimento para museus na Áustria fossem certamente um roubo do povo da Guatemala, permitiram que a frágil madeira fosse preservada até os dias modernos. Depois de Bernoulli, houve outras expedições. Em 1881 e 1882, o proto-arqueólogo inglês Alfred Maudslay fez um mapa e um levantamento da cidade, e

Teobert Maler tirou fotos para o Museu Peabody . De 1926 a 1937, Sylvanus Morley da Harvard University e do Carnegie Institute fez pesquisas, e desde então tem havido um período quase contínuo de trabalho em Tikal, incluindo um elaborado projeto de 18 anos do Governo da Guatemala e da Universidade da Pensilvânia.

Em 1979, o local foi reconhecido pela Organização das Nações Unidas para a Educação, Ciência e Cultura (UNESCO) como "Patrimônio Mundial" . Isto foi feito com base em uma série de critérios abrangentes que capturam parte da importância das ruínas para a humanidade; Tikal foi selecionado "para representar uma obra-prima do gênio criativo humano; dar um testemunho único, ou pelo menos excepcional, de uma tradição cultural ou de uma civilização viva ou desaparecida; ser um exemplo notável de um tipo de edifício, conjunto arquitetônico ou tecnológico ou paisagem que ilustra estágios significativos na história humana ... "

O valor ecológico do local, preservando uma grande área de floresta, também é reconhecido pela UNESCO. A este respeito, Tikal foi selecionado "para ser um exemplo notável que representa processos ecológicos e biológicos significativos em curso na evolução e desenvolvimento de ecossistemas terrestres, de água doce, costeiros e marinhos e comunidades de plantas e animais; para conter os habitats naturais mais importantes e significativos para a conservação in situ da diversidade biológica, incluindo aqueles que contêm espécies ameaçadas de valor universal excepcional do ponto de vista da ciência ou da conservação."

Claro, Tikal não é simplesmente um local de pesquisa ou reconhecimento internacional, mas também um local turístico de primeira linha hoje. Milhares de turistas vêm anualmente para se maravilhar com as ruínas da outrora poderosa cidade, ajudando a garantir que o fascínio do mundo pelos Antigos Maias não acabe tão cedo.

Fontes da Web

Outros livros sobre a Mesoamerica por Charles River Editors

Outros livros sobre os Maias na Amazon

Bibliografia

Berlin , Heinrich (April 1967). "The Destruction of Structure 5D-33-1st at Tikal". American Antiquity (Washington, D. C., USA: Society for American Archaeology) 32 (2): 241–242. ISSN 0002-7316. JSTOR 277915. OCLC 754651089. Retrieved 06-05-13. (necessário realizar login)

Coe, Michael D. (1999). The Maya. Ancient peoples and places series (6th edition, fully revised and expanded ed.). London and New York: Thames & Hudson. ISBN 0-500-

28066-5.

Drew, David (1999). The Lost Chronicles of the Mayan Kings. Los Angeles: University of California Press.

Gill, Richardson B. (2000). The Great Maya Droughts: Water, Life, and Death. Albuquerque: University of New Mexico Press. ISBN 0-8263-2194-1. OCLC 43567384.

Harrison, Peter D. (2006). "Maya Architecture at Tikal". In Nikolai Grube (ed.). Maya: Divine Kings of the Rain Forest. Eva Eggebrecht and Matthias Seidel (assistant eds.). Köln: Könemann. pp. 218–231. ISBN 3-8331-1957-8. OCLC 71165439.

Jones, Grant D. (1998). The Conquest of the Last Maya Kingdom. Stanford, California, USA: Stanford University Press. ISBN 9780804735223. OCLC 38747674.

Kelly, Joyce (1996). An Archaeological Guide to Northern Central America: Belize, Guatemala, Honduras, and El Salvador. Norman: University of Oklahoma Press. ISBN 0-8061-2858-5. OCLC 34658843.

Looper, Matthew G. (1999). "New Perspectives on the Late Classic Political History of Quirigua, Guatemala". Ancient Mesoamerica (Cambridge and New York: Cambridge University Press) 10 (2): 263–280. doi:10.1017/S0956536199101135. ISSN 0956-5361. OCLC 86542758.

Looper, Matthew G. (2003). Lightning Warrior: Maya Art and Kingship at Quirigua. Linda Schele series in Maya and pre-Columbian studies. Austin: University of Texas Press. ISBN 0-292-70556-5. OCLC 52208614.

Martin, Simon; and Nikolai Grube (2000). Chronicle of the Maya Kings and Queens: Deciphering the Dynasties of the Ancient Maya. London and New York: Thames & Hudson. ISBN 0-500-05103-8. OCLC 47358325.

Martin, Simon; and Nikolai Grube (2008). Chronicle of the Maya Kings and Queens: Deciphering the Dynasties of the Ancient Maya (2nd (revised) ed.). London and New York: Thames & Hudson. ISBN 978-0-500-28726-2. OCLC 191753193.

Miller, Mary Ellen (1999). Maya Art and Architecture. London and New York: Thames & Hudson. ISBN 0-500-20327-X. OCLC 41659173.

Miller, Mary; and Karl Taube (1993). The Gods and Symbols of Ancient Mexico and the Maya: An Illustrated Dictionary of Mesoamerican Religion. London: Thames & Hudson. ISBN 0-500-05068-6. OCLC 27667317.

Schele, Linda; and Peter Mathews (1999). The Code of Kings: The language of seven Maya temples and tombs. New York: Simon & Schuster. ISBN 978-0-684-85209-6. OCLC 41423034.

Sharer, Robert J.; with Loa P. Traxler (2006). The Ancient Maya (6th, fully revised ed.). Stanford, CA: Stanford University Press. ISBN 0-8047-4817-9. OCLC 57577446.

Webster, David L. (2002). The Fall of the Ancient Maya: Solving the Mystery of the Maya Collapse. London: Thames & Hudson. ISBN 0-500-05113-5. OCLC 48753878.

Livros Gratuitos da Charles River Editors

Temos diversos títulos totalmente gratuitos todos os dias. Para ver os títulos gratuitos disponíveis no momento, clique neste link.

Livros com Descontos Especiais da Charles River Editors

Temos títulos com descontos especiais no valor de apenas 99 centavos todos os dias! Veja os títulos disponíveis com este desconto clicando neste link.